joue à cache-cache

OUI-OUI JOUE À CACHE-CACHE Texte et illustrations.
Copyright © 2012 Chorion Rights Limited. Tous droits réservés. Oui-Oui™ Hachette Livre.
© 2012 Hachette Livre pour la présente édition.
Édité par Hachette Livre – 43, quai de Grenelle, 75905 Paris Cedex 15
ISBN : 978-2-01-227450-1 – Édition 02. Dépôt légal : mai 2012
Loi n°49-956 du 16 juillet 1949 sur les publications destinées à la jeunesse.
Imprimé par Orymu en Espagne. Achevé d'imprimer en septembre 2013.

Mes premières histoires

Oui-Oui
joue à cache-cache

Hachette
JEUNESSE

Cet après-midi, Oui-Oui a donné rendez-vous à ses amis pour une partie de cache-cache. « Allez tous vous cacher ! dit Oui-Oui. C'est moi qui commence à compter ! »

Un… Deux… Trois… Quatre…
Les amis filent à toute vitesse.
Cinq… Six… Sept… Huit…
Chacun trouve une cachette parfaite.
Neuf… Dix… Onze… Douze…
Plus personne ne bouge !

Oui-Oui commence par chercher du côté du salon de thé. Humm ! Il voit plein de bonnes choses. Mais pas le temps de goûter, il a tous ses amis à trouver.

N'est-ce pas un nœud rose qui se cache au loin ? On dirait bien qu'il y a quelqu'un derrière la niche de Zim, le petit chien.
« Je t'ai trouvée, Mirou ! » annonce Oui-Oui.

D'où viennent ces étincelles ? Ne serait-ce pas une fée cachée près la fontaine ?
« Je t'ai vue, Lindy ! » dit Oui-Oui.
Mais il reste un problème : Whiz est si bien caché, qu'aucun des habitants n'arrive à le repérer.

Près de la gendarmerie ou derrière les piliers de la mairie, ils ne trouvent aucune trace de leur ami. Heureusement, Oui-Oui a un plan.
« Utilise ton flair, Zim ! » demande-t-il.

Zim renifle autour de lui et file aussitôt vers la prairie.

« Wouah, wouah, wouah ! » aboie-t-il enfin.

Whiz ne doit plus être très loin.

Oh ! Un bout de fer dépasse d'un buisson tout vert !
« Te voici enfin ! » dit Oui-Oui.
Ouf ! La partie est finie !

Whiz est très content : c'est lui le gagnant !
« On recommence quand ? demande-t-il.
– Dès maintenant, mais cette fois-ci c'est toi qui compte ! » répond Oui-Oui.

Mes premières histoires

Retrouve tous les titres de la collection :

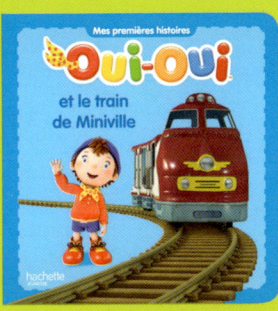

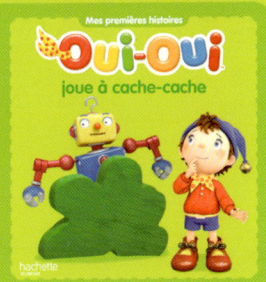